AF226826

DISCOURS

PRONONCÉ

PAR M. LE CURÉ FOATA

PENDANT LE SERVICE FUNÈBRE

QUI A EU LIEU POUR LE REPOS DE L'AME

DE MONSEIGNEUR

CASANELLI D'ISTRIA

ÉVÊQUE D'AJACCIO

DANS L'ÉGLISE PAROISSIALE

DE L'ANNONCIATION DE CORTE

LE 12 NOVEMBRE 1869.

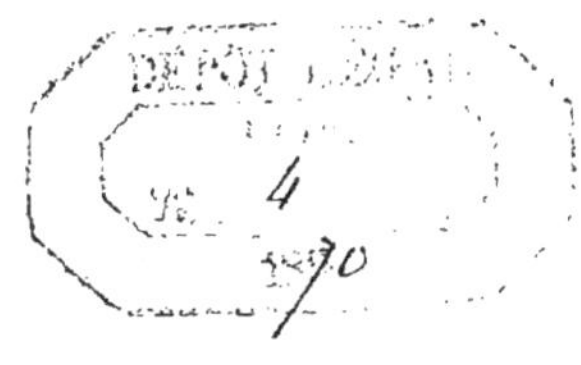

BASTIA

DE L'IMPRIMERIE FABIANI.

1869.

Appelé à rendre en ce moment un suprême et douloureux hommage à la mémoire du pontife bien-aimé, que la mort vient de nous ravir, comment pourrai-je, Mes Frères, m'acquitter de ce pieux devoir ? Où trouver les onguents et les parfums bibliques, pour embaumer une mémoire si chère ? Ma voix aurait-elle assez de force et ma timidité assez de courage, devant l'histoire d'une vie si pleine et si glorieuse, en face de tant de monuments, de tant d'œuvres immortelles ? Du moins, j'apporte ici un cœur plein d'émotions et de souvenirs, un dévouement filial et sans bornes. Vous m'avez toujours honoré d'une attention bienveillante ; votre indulgence ne me fit jamais défaut : j'y compte en ce moment plus que jamais, pour suppléer à ce qui me manque. Vous ne sauriez, M. F., attendre de moi un discours bien préparé et bien suivi : une résolution trop tardive me laisse à peine le temps de jeter une parole soudaine et à peu près improvisée autour de ce cercueil vide, au milieu de tout un peuple qui remplit cette église désolée. Ce n'est donc pas une couronne de louanges, c'est plutôt un tribut de larmes que je viendrai vous apporter : les larmes sont plus faciles en pareille circonstance; les louanges demandent plus de temps, plus de savoir, pour être dignes de celui qui en est l'objet. D'ailleurs, un éloge funèbre a dû, hier, être prononcé sous les voûtes de la cathédrale, par une voix auguste, plus éloquente et plus autorisée que la mienne, en présence d'une tombe entr'ouverte, qui allait réunir la dépouille vénérée du pontife à celles de ses vénérables prédécesseurs.

Il y a trente jours déjà, **M. F.**, que nous pleurons sur ses restes inanimés; mais notre amertume n'est pas sans quelque adoucissement, et quelque goutte de baume est venue se répandre sur la plaie saignante de notre cœur. Accouru dans la ville épiscopale, pour donner un dernier témoignage de respect et d'amour à Celui qui nous honorait d'une amitié toute particulière, aussi constante qu'affectueuse, nous avons été témoin de ces honneurs magnifiques décernés à sa mémoire; nous avons assisté à cette marche funèbre qui ressemblait plutôt à un triomphe, comme jamais la Corse n'en a vu; nous avons remarqué ce concours empressé, cette affluence extraordinaire, ces flots immenses d'une population soulevée, attendrie, toutes les autorités civiles et militaires, ce clergé nombreux venu de loin, l'état-major, les aumôniers et la musique de l'escadre de Toulon stationnée dans le port, et nous sentions que notre douleur était celle de tout le monde. C'est déjà une première consolation, et puis nous en avons une autre plus douce encore, c'est la sainte, la divine espérance; l'espérance, cette compagne assidue de l'homme, qui le prend au berceau et le conduit jusqu'à la tombe, s'embarquant avec lui sur la mer orageuse de ce monde et l'aidant à supporter tous les maux de l'exil; l'espérance, ce charme éternel de la vie, qui fait naître la joie et qui est plein d'immortalité; ce don de Dieu, que l'Apôtre appelle notre ancre; cette vertu sainte, qui est la seconde des trois vertus célestes, et qui, soutenue, animée par les deux autres, la foi et la charité, tourne constamment ses regards vers le ciel comme vers sa patrie, d'où elle attend son bonheur et sa gloire. Quand, en effet, un évêque peut dire avec le grand Apôtre: *Bonum certamen certavi*, *cursum consumavi*, *fidem servavi* (2 Tim. IV, 7), j'ai combattu les bons combats, j'ai rempli ma course, j'ai gardé la foi, on est en droit d'espérer pour lui cette couronne de justice qui est le prix de la victoire et que Dieu réserve, pour le grand jour, à ceux qui désirent son avénement. Notre douleur n'est donc pas sans consolation, M. F. Toutefois, pour l'adoucir encore davantage, arrêtons quelques instants notre pensée sur la vie du pontife qui n'est plus. Je voudrais vous le montrer grand dans les combats du Seigneur qu'il a vaillamment soutenus, grand dans les œuvres qui ont rempli sa carrière, grand dans la foi dont il a, d'une main ferme, gardé le dépôt jusqu'au bout. Je voudrais vous exposer toutes ses qualités, ses talents, ses vertus, ses travaux apostoliques; mais je sais qu'une tâche si grande serait au-dessus de mes forces. Sa vie est d'ailleurs tellement remplie, qu'il serait trop long et trop difficile de la suivre dans tous ses détails : ce serait plutôt l'affaire du biographe ou de l'historien, que celle de l'orateur ou du panégyriste. Je me bornerai donc à vous présenter un simple tableau, une esquisse rapide, les traits les plus saillants de cette vie si brillante, sans m'astreindre à établir, dans les faits et les pensées, cet ordre méthodique, cette suite rigoureuse qui aurait demandé plus de temps et de moyens que je n'en ai. Au reste, un certain désordre ne sied pas mal à la tristesse, à la douleur. Je n'ai pas la prétention de faire un discours suivant les règles, encore moins une oraison funèbre ; mais plutôt de laisser aller mon cœur au gré des émotions qu'il éprouve, dans un simple entretien consacré à la mémoire de notre cher et saint Évêque. Entrons immédiatement en matière.

Je passerai sous silence, M. F., les triomphes que Mgr Casanelli d'Istria remporta dans ses études à Rome, les grades qu'il conquit dans cette capitale du monde catholique, les relations qu'il contracta avec de hauts personnages, relations que lui valurent la culture de son esprit, sa réputation de savoir et de piété, une connaissance profonde de nos deux langues, maternelle et adoptive, ses talents, ses vertus, son aptitude dans les affaires soit civiles soit ecclésiastiques, en un mot, tout ce qui peut gagner la confiance, la faveur et l'estime des hommes, tout ce qui révèle un vrai mérite, tout ce qui présage des destinées peu communes. Tant de qualités brillantes lui attirèrent bientôt les sympathies et l'affection d'un illustre cardinal, Mgr d'Isoard, archevêque d'Auch, qui en fit son secrétaire intime, puis son vicaire général, un chanoine de sa métropole, l'official de son diocèse. Ayant accompagné Son Éminence à Rome, pour assister à deux conclaves successifs, Mgr Casanelli d'Istria revint à Auch avec des titres et des dignités, que le Saint-Siége accorde ordinairement aux prêtres conclavistes, et, qui plus est, avec une affection toute particulière du Pape Grégoire XVI nouvellement élu. Vers la fin de cette année (les préceptes oratoires défendent de porter des chiffres et des dates dans la tribune sacrée, permettez-moi cependant, M. F., de déroger à cette règle), vers la fin de cette année, c'était le 8 décembre 1830, le siége d'Ajaccio devint vacant par la mort de son pieux évêque Mgr Sebastiani de la Porta. Cédant, après une longue résistance, aux demandes réitérées du Roi et à celles du Pape, Mgr Casanelli consentit enfin à se laisser imposer le difficile épiscopat de la Corse. Sa nomination parut au *Moniteur* le 28 juin 1833 ; il fut préconisé dans le consistoire du 30 septembre suivant et sacré à Auch, le 8 décembre de la même année. Il débarqua dans sa ville épiscopale, le 23 mars 1834, dimanche des Rameaux. Une foule immense, dans le délire de l'enthousiasme, l'accueillit avec des vivats mille fois répétés, auxquels venaient se joindre les chants sacrés de

l'Église, la voix imposante des canons et la touchante harmonie des cloches. Jeune élève aspi-
rant à la milice du sanctuaire, nous eûmes le
bonheur d'accompagner au milieu de ces flots
mouvants comme la mer, et dans les transports
d'une joie frénétique, le nouvel Évêque brillant
de jeunesse, d'avenir et de santé, depuis la mer
jusqu'à la cathédrale et depuis la cathédrale
jusqu'à son palais. Qui nous eût dit alors que
nous devions, le quinze du mois dernier, plein
de deuil et de tristesse, au milieu de chants lu-
gubres et de pompes funèbres, ne plus conduire,
depuis ce même palais jusqu'à cette même cathédrale, et dans un froid cercueil, que des
restes glacés et sans vie, sur lesquels la mort a
étendu son empire, exercé ses ravages ! Ah ! que
les grandeurs et les gloires humaines passent
vite, Mes Frères !

Arrivé en Corse, le nouvel Évêque trouve un
diocèse depuis longtemps négligé. Je passe rapidement sur les causes qui avaient amené la
triste situation de notre île à cette époque. Nos
guerres avec l'étranger, nos discordes intestines,
des inimitiés sanglantes, la longue absence des
Évêques deux fois éloignés de leurs troupeaux,
et surtout la tourmente révolutionnaire avec sa
constitution civile, ses évêques intrus et ses pré-

tres assermentés, n'avaient laissé partout que des débris et des ruines. Un seul diocèse sur cinq, plus de séminaires, plus de couvents, plus de communautés religieuses; les biens des églises confisqués, le clergé fidèle persécuté, affaibli, négligé; la discipline ecclésiastique sans vigueur et sans force; les passions et les haines déchaînées sur tous les points du pays avec une fureur sans pareille. Cependant des jours meilleurs se lèvent: un aigle au vol sublime s'est élancé du sein des tempêtes; le doigt de Dieu a suscité parmi nous un nouveau Cyrus, un nouvel Alexandre. Ce héros, destiné par la Providence à changer la face des empires, s'élève rapidement sur les ailes de la victoire; son nom remplit le monde; la terre muette tremble sous ses pas; les peuples se courbent sur son passage; son bras de fer enchaîne l'anarchie qui déchire la France. A sa voix, le trône se relève; la croix brille encore d'une splendeur inconnue; la religion exilée reparaît en triomphe; les évêques reviennent à leurs siéges réduits et mutilés, mais gagnant en étendue ce qu'ils ont perdu en nombre. Celui d'Ajaccio est occupé par un pasteur vénérable, que nous avons déjà nommé, vrai modèle des vertus évangéliques, mais impuissant à relever tant de ruines. Tout était donc à créer, à refaire, à réorganiser, quand Mgr Casanelli d'Istria vint prendre possession de son diocèse. Le nouvel Évêque se met à l'œuvre avec un courage héroïque, qui ne l'a jamais quitté. Il y porte un cœur qui ne connaît ni les défaillances de la foi ni les transactions de la conscience; un cœur qui lutte sans relâche pour la justice et pour la vérité, toujours ferme, toujours inflexible dans les principes, toujours bon, familier, expansif, indulgent dans le commerce ordinaire de la vie. Doué de la mémoire la plus heureuse, il possède bientôt dans son esprit les noms, l'état, la situation des lieux et des personnes avec une fidélité de souvenir qui lui rendra sa tâche plus facile et plus sûre.

La réforme de son clergé appelle d'abord toute sa sollicitude. Il n'y a point de séminaires, les études sont plus qu'incomplètes, la discipline ecclésiastique laisse beaucoup à désirer. Il travaille avec une ardeur infatigable à ce grand œuvre de renaissance et de réparation. Bientôt le Grand-Séminaire, déjà converti en préfecture, est rendu à sa destination primitive, restauré, considérablement augmenté, pourvu de bons professeurs et rempli de jeunes lévites, doté plus tard d'une magnifique campagne, bien fertile et bien cultivée. Dès son arrivée, l'Évêque d'Ajaccio s'entoure d'hommes savants et pieux, en tête desquels nous pouvons mentionner Mgr Guibert, qui fait revivre aujourd'hui les lumières et la sainteté de Saint Martin sur le siége métropolitain de Tours, et Mgr d'Hétalonie, d'abord son vicaire général, puis son auxiliaire, aujourd'hui chanoine-évêque de Saint-Denis, dont la vie modeste et pure s'écoule parmi nous. Voyant qu'il a aussi besoin de secours étrangers pour le ministère de la parole, il appelle du continent les Oblats de Marie, dont un, le P. Albini, est mort en odeur de sainteté au couvent de Vico, un autre, le P. Semeria, a été élevé aux honneurs de l'épiscopat pour les missions étrangères. Puis il implante aussi dans le diocèse les enfants bénis de Saint Ignace, de Saint Dominique et de Saint François. Chaque fondation vient en son temps. Le diocèse se couvre d'établissements et de communautés religieuses destinées, les unes à évangéliser les populations, les autres à instruire la jeunesse des deux sexes et à lui donner une éducation chrétienne, d'autres à sanctifier le cloître par le travail et par la prière, à l'embaumer par le parfum de leur piété angélique, de leurs vertus secrètes et ignorées.

Puis viennent les retraites pastorales, qui se renouvellent chaque année. Oh ! qu'il était beau de voir, dans ces réunions, le saint Évêque entouré de ses prêtres rangés en couronne autour de lui, comme les palmiers en fleurs de Jéricho, comme les cèdres embaumés du Liban ! Exact comme un séminariste, il est le premier à tous les exercices, il écoute avec ses prêtres la parole sainte, unissant son recueillement, ses méditations, ses prières aux nôtres. Oh ! comme ses instructions paternelles, pleines d'onction, de savoir, de piété pénétraient au fond des cœurs ! Avec quel zèle, avec quels soins vigilants il nous signalait les dangers, et les moyens de les éviter ! Naguère surtout, n'avait-il pas, malgré son grand âge, assisté régulièrement aux exercices de deux retraites consécutives, parlant tous les jours avec une effusion si touchante ? Comme son cœur débordait ! Comme les mots les plus tendres et les plus affectueux revenaient souvent sur ses lèvres ! « C'est pour la dernière fois, disait-il, que je vous parle. » Hélas ! il ne se trompait pas : douze jours après, il n'était plus. Il semblait depuis quelque temps pressentir sa fin prochaine ; il en parlait dans toutes les occasions. La mort s'était comme attachée à ses pas ; elle était toujours présente à son esprit.

Le Grand-Séminaire fondé, l'instruction des

jeunes prêtres suffisamment garantie, il fallait
en développer le progrès, en assurer la prospé-
rité. Un Petit-Séminaire, où doivent croître et
se préparer les jeunes plantes, qui s'épanouiront
un jour dans le sanctuaire et répandront au loin
la bonne odeur de Jésus-Christ, un Petit-Séminaire destiné à alimenter le Grand et à perpé-
tuer ainsi le sacerdoce dans notre pays, est dès
lors indispensable. L'Évêque fait un appel à son
clergé ; le clergé le plus pauvre, mais le plus
patriotique de la France, s'impose les plus
grands sacrifices, et répond à son chef avec une
générosité sans égale. Plus tard, il en fera de
même pour la création d'une caisse diocésaine,
pour l'établissement de Corte, et pour venir en
aide aux communautés religieuses du diocèse.
Le vaste et magnifique bâtiment du Petit-Séminaire, entouré de jardins fleuris et de cours
ombragées, spacieuses, s'élève comme par en-
chantement à la voix du pontife. En peu de
temps, il se remplit d'une brillante jeunesse,
qui vient y puiser à des sources limpides les
vrais principes de la science et de la vertu.
Mais le nombre augmente sans cesse : un autre
bâtiment vient se joindre au premier, et les
vocations naissantes sont désormais assurées.

Après avoir ainsi pourvu aux nécessités pressantes de son clergé, après en avoir amélioré la situation morale et religieuse, par la fondation de ses deux séminaires et par l'établissement des retraites pastorales, il se préoccupe surtout de la situation des campagnes. Déjà il a parcouru son immense diocèse : il connaît déjà son immense troupeau. Absence de routes, chemins impraticables, difficultés et obstacles de tout genre, rien n'a pu arrêter l'ardeur de son zèle. Il multiplie ses visites ; il confirme jusqu'à deux fois par jour ; il prêche partout avec une onction, une douceur, une familiarité qui met ses instructions à la portée de tout le monde, une connaissance si profonde des intérêts et des besoins de chaque localité, qu'il y a bientôt gagné tous les cœurs et toutes les sympathies. Il examine tout par lui-même, ne s'accordant ni trêve ni repos, pas même le sommeil des nuits, et prolongeant au-delà de deux mois ses courses apostoliques du printemps et de l'automne. Avec une ardeur pareille, il a bientôt reconnu les besoins de son immense famille, et le voilà immédiatement à l'œuvre. Des populations éparses, des hameaux nombreux distants les uns des autres, manquant de prêtres et d'églises, sont ainsi privés des secours et des bienfaits de la religion. Qui peut dire le nombre des paroisses nouvellement établies, des vicariats créés, des églises construites, réparées ou agrandies, grâce à son zèle ardent, à ses conseils ou à son impulsion?

Des rivalités funestes, des vengeances terribles semaient partout le deuil et l'épouvante. Sans redouter ni les menaces ni les fureurs des bandits, ni les piéges ni les poignards des malfaiteurs, le bon pasteur se prodigue, se multiplie, se montre avec une résolution énergique et un dévouement courageux partout où sa présence peut étouffer les ressentiments, arrêter les conflits, apaiser les haines, empêcher des catastrophes sanglantes. Je n'entrerai pas, M. F., dans le récit de ces scènes émouvantes. Je pourrais bien vous citer des exemples nombreux, où son intervention apostolique a opéré des réconciliations réputées impossibles, et terminé des luttes fratricides par les traités d'une paix cordiale et sincère.

Un fléau terrible, ministre effrayant des colères divines, qui dépeuple les villes et les campagnes, portant la désolation et la mort partout où il passe et couvrant son chemin d'innombrables victimes, le choléra, qui n'avait jamais mis le pied dans cette île, deux fois le choléra se déclare sur nos rives. Le bon pasteur ne craint

pas d'exposer sa vie pour celle de ses brebis:
il accourt en toute hâte, prodigue de soins et
de consolations, sur les lieux décimés par la
mort. Sa présence ranime le courage abattu;
son clergé redouble d'héroïsme et de zèle; cha-
cun fait son devoir. Grâce à Dieu, le fléau se
retire, et l'Évêque reçoit les bénédictions de
l'infortune et du malheur.

Depuis nos guerres de l'indépendance, s'il ne
faut encore remonter plus haut, les assemblées
nationales, les élections et, plus tard, le tirage
au sort et les conseils de révision se tenaient
dans nos églises. Des laïques sans mission y
prenaient hardiment la parole et prononçaient
des discours politiques, voire même des orai-
sons funèbres. La haute magistrature, revendi-
quant certains priviléges, qui dataient probable-
ment de la domination génoise, soulevait, dans
le lieu saint, des questions d'honneurs et de
préséances peu en harmonie avec la législation
moderne et surtout avec les règles et les pres-
criptions de l'Église. Je veux éviter dans ce discours, je veux écarter d'une tombe tous les souvenirs irritants. C'est pourquoi, je ne vous
dirai pas, M. F., tout ce que notre Évêque eut
à surmonter de difficultés et d'obstacles, pour
extirper ces abus ou ces profanations, et pour

rendre à nos temples le respect et la vénération qui leur sont dus. Ces mêmes obstacles, il les rencontra toujours opiniâtres et persévérants, chaque fois qu'il eut à réaliser quelque grande entreprise. Tant il est vrai que le mal ici-bas se trouve toujours à côté du bien, et que l'ivraie se mêle toujours au froment ; chaque rose à ses épines et chaque plaisir sa peine, c'est la destinée de ce monde. Ce n'est qu'en l'autre vie, que ce mélange n'existera plus : là, l'ivraie et le bon grain, le bien et le mal, le vice et la vertu, le bonheur et la souffrance ont des demeures complétement séparées par des abîmes à tout jamais infranchissables (Luc. XVI, 26). Au milieu de ces luttes ardentes, de ces combats incessants, le grand Évêque ne fléchit pas un seul instant de sa vie.

Le désordre des mœurs avait fait des progrès effrayants. Des liaisons illégitimes, des unions immorales, opprobre de la civilisation moderne, étalaient en plein jour le scandale de leurs plaies hideuses. Les lois humaines étaient muettes ou impuissantes pour arrêter le torrent débordé. Le grand Évêque a sondé la profondeur de la plaie. Aux grands maux les grands remèdes : un mandement formidable déchaine les foudres de l'Église contre les perturbateurs de l'édifice social et de la morale publique, qui déshonorent et avilissent, dans un honteux concubinage, les fondements et les bases de la famille. Cet acte de vigueur et de courage soulève des réclamations universelles; même les hautes régions du pouvoir s'en émeuvent. Mais l'Évêque, toujours ferme, maintient son droit avec cette force que donne la conviction d'un devoir accompli. Une multitude innombrable d'unions scandaleuses sont bientôt légitimées et demandent, avec la bénédiction nuptiale, la consécration du mariage. Nous avons été témoin nous-même des félicitations que le chef du ministère public adressa de vive voix à l'Évêque dans cette circonstance. Se réjouissant avec lui du succès inespéré de son mandement, il ajoutait qu'il avait donné à tous les parquets de la Corse une rude besogne, dont ils s'étaient, disait-il, acquittés avec plaisir.

Mais la fondation de ses deux séminaires, le rétablissement de la discipline ecclésiastique, la régénération du clergé, le respect rendu au lieu saint, la réforme des mœurs publiques, capables d'immortaliser la mémoire d'un Évêque, ne peuvent satisfaire l'ardeur de son zèle apostolique. Le palais qu'il habite, bâti par un de ses illustres prédécesseurs, devenu plus tard un domaine de la nation, et ensuite propriété du cardinal Fesch, puis de la Commune, n'appartient pas au diocèse ; il est d'ailleurs insuffisant pour sa destination. D'un autre côté, l'église cathédrale fondée à une époque où la ville d'Ajaccio n'était, pour ainsi dire, qu'une simple bourgade, ne répond plus ni aux besoins d'une population toujours croissante, ni à la majesté du culte. Qui pourrait dire toutes les peines qu'il s'est données, tous les voyages qu'il a faits dans la capitale de l'Empire, toutes les dépenses, tous les sacrifices qu'il s'est imposés, pour obtenir du Gouvernement la création de ces deux édifices? Grâce à ses persistantes réclamations, un double décret fut rendu, qui accordait l'un et l'autre. L'emplacement pour le palais est bientôt choisi, le local acheté et déjà payé. Mais pour la cathédrale, c'est autre chose. Des difficultés de toute espèce, des obstacles de tout genre relativement à l'emplacement désigné par les décrets de 1807 et 1853, tous deux conformes au désir de l'Évêque, viennent entraver la marche du projet et en ajourner l'exécution. Plus les obstacles se multiplient, plus l'Évêque redouble d'ardeur et de zèle. La cause de sa cathédrale devient l'occupation constante, la passion de sa vie. Jamais cause ne fut mieux défendue. Enfin, le projet primitif est définitivement adopté : la cathédrale sera bâtie sur l'emplacement de l'hôpital militaire. La Providence réservait à notre Prélat la consolation d'en poser la première pierre avant de mourir. En effet, le 29 août dernier, il bénissait ce premier fondement sous les yeux de notre auguste Souveraine et du jeune Prince Impérial, dont l'aimable présence embellissait parmi nous une fête à jamais mémorable dans les annales de la France et de l'immortelle dynastie, qui fait notre orgueil et notre gloire. « Madame, disait le Pontife à l'Impératrice, ma tâche est accomplie; la où la mienne finit, la vôtre commence. Dès ce moment, la nouvelle cathédrale, fondée sous vos auspices, devient l'œuvre de Votre Majesté Impériale : vous l'avez commencée, à vous de la finir. »

M. F., je passe sous silence mille autres détails, qui ne seraient pas sans intérêt; mais j'ai hâte de terminer un discours assez long déjà. Encore quelques traits cependant. J'ai connu notre Évêque, je l'ai aimé; j'ai eu le bonheur de l'accompagner longtemps dans ses tournées pastorales; j'ai vécu longtemps dans son intimité: je puis donc en parler avec connaissance de cause. Or je dois à la vérité de dire, que jamais vie épiscopale n'a été plus saintement remplie,

que jamais pasteur n'a plus fidèlement enseigné
ses ouailles par la parole et par l'exemple, que
jamais pontife n'a gardé plus religieusement les
traditions de la Sainte Église Romaine, que jamais Corse n'a plus aimé son pays, sa patrie.
Combien de larmes essuyées, de misères secou-
rues, de tristesses adoucies ! Combien de vocations encouragées, de secours ou de pensions
obtenues à des vétérans du sacerdoce pauvres,
infirmes ou cassés de vieillesse, dans cette carrière apostolique de trente-six ans ! Comme le
saint Évêque sait tirer parti de tout ! Comme
rien n'est oublié, négligé de ce qui touche à
l'intérêt de ses ouailles ! Une fondation d'origine
génoise, en faveur de l'ancien Séminaire, était,
depuis les commotions politiques du siècle dernier, tombée dans le plus profond oubli. L'Évêque ne laisse rien perdre ; il entame à Gênes
des négociations qui ne sont pas entièrement
infructueuses. Des prélats, des ecclésiastiques
romains de la plus haute distinction avaient reçu
une généreuse et cordiale hospitalité en Corse,
notamment à Bastia et à Corte, sous le premier
Empire. Pie VII, reconnaissant de ce touchant
accueil fait à ses prêtres, avait promis des bour-
ses au séminaire romain pour l'éducation de
quelques jeunes Corses. Cette promesse n'ayant

pas eu d'effet, **Mgr Casanelli** ne se donne point de repos, qu'il n'ait obtenu de l'immortel **Pie IX** la concession d'une bourse, aujourd'hui suspendue, Dieu sait pour combien de temps, attendu le mauvais état des finances pontificales. Administration, correspondance, tournées pastorales, communautés à établir, bonnes œuvres à soutenir et à multiplier, surtout celle de la Propagation de la foi qui, grâce à son zèle apostolique, a pris en Corse des développements inattendus, c'est, **M. F.**, une série interminable d'occupations diverses qui absorbent toute la vie. Qu'il me suffise de dire, que notre Évêque fut toujours à la hauteur de sa tâche, sans souci de ses fatigues ni de sa santé, sans jamais faire la moindre concession à la dignité, à l'indépendance de son ministère.

Jetons maintenant un coup d'œil rapide sur l'écrivain distingué, sur le docteur enseignant à son peuple la sagesse et la vérité. Érudition, fécondité, abondance de matières, variété de connaissances, délicatesse de langage, rien ne manque dans ses discours, allocutions, mandements, lettres pastorales. Quelle correction et quelle pureté dans le choix des expressions! Quel goût, quelle élégance dans les tours et dans les formes du style! Quelle profondeur et quelle justesse

dans les pensées! Quelle élévation dans les sen-
timents! Comme il aborde résolûment les questions les plus ardues de la doctrine! Comme il
est fixé sur tous les points de la morale! Dans
un âge aussi avancé, sa plume n'avait point
vieilli ; elle avait conservé toute sa vigueur d'au-
trefois.

Vous avez lu, M. F., ou vous avez entendu
la lecture de ses écrits si nombreux, si justement
admirés, si généralement reconnus comme vrais
modèles d'enseignement religieux et de bonne
littérature. Quel tonnerre d'applaudissements
couvrit jadis, dans un cercle littéraire de la capitale, la lecture d'un écrit où il vengeait l'honneur de son diocèse injustement outragé dans
de pompeuses calomnies! Avec quelle vigueur
ne s'était-il pas associé à cette lutte ardente pour
la liberté de l'enseignement, qui préoccupait si
fort tant d'esprits généreux! A-t-on oublié le
retentissement de ses paroles, portées à la tribune de nos grandes assemblées par un des
champions les plus intrépides de nos libertés
religieuses? Quelles protestations indignées,
quels accents énergiques en faveur du pouvoir
temporel du Saint-Père et contre les spoliations
dont il était l'objet! Le Saint-Père, la sainte
Église Romaine, ah! c'étaient les amours de sa
vie.

Vous savez, **M. F.**, qu'un Concile général va prochainement s'ouvrir. Le jour même de sa mort, notre Évêque en est préoccupé; il en parle avec plaisir, avec joie. Une paralysie mortelle l'a cloué sur son lit de douleur; il a complétement perdu l'usage de ses jambes, et cependant il ne renonce pas encore à l'espoir de se rendre à Rome dans un pareil état. Il se fera, dit-il, transporter ainsi dans la salle du Concile, au milieu de cette assemblée vraiment œcuménique, vraiment universelle, la plus nombreuse et la plus auguste qui se soit jamais vue sur la terre. Hélas! ses moments étaient comptés; sa carrière était accomplie, il avait atteint le terme de sa course, *cursum consumavi*. Une autre assemblée s'ouvre; les portes éternelles s'élèvent; les apôtres, les pontifes, les confesseurs se présentent; l'auguste sénat, les saintes milices, l'innombrable multitude qui entoure le trône de Dieu se montre à ses regards : l'ange de la paix nous est ravi; un vol rapide l'emporte dans les cieux; les parvis saints, les portes sacrées se referment. Que nous reste-t-il? Son enveloppe mortelle, une froide dépouille qui sera bientôt livrée à l'humiliation du tombeau, *ossa humiliata*, des os humiliés qui se réuniront un jour dans la main de Dieu, pour tressaillir dans les joies ineffables de l'immortalité, *Exultabunt Domino ossa humiliata* (Ps. 50, 10).

Il n'est donc plus, M. F., il est mort ce vaillant athlète qui a combattu les bons combats, qui a consommé sa course, qui a gardé la foi. Il est mort ce pontife si grand dans la lutte, si grand dans les œuvres, si grand dans la foi. Temple saint, voilez-vous d'un crêpe funèbre; désolez-vous, portes de cette église, et soyez inconsolables, *Desolamini vehementer* (Jérémie II, 12). Sa voix ne résonnera plus sous ces voûtes; il ne viendra plus imposer ici ses mains sacrées sur la génération nouvelle que nous comptions lui présenter au printemps prochain. Aujourd'hui son corps repose dans la paix; son âme vivra dans les splendeurs de la gloire. Bienheureux ceux qui meurent dans le Seigneur! l'Esprit de Dieu leur dit de se reposer de leurs travaux. *Beati mortui qui in Domino moriuntur: amodo jam dicit Spiritus ut requiescant a laboribus suis* (Apoc. XIV, 13).

Il est mort, M. F.; mais consolez-vous : quoique mort, il nous parle encore : *Defunctus adhuc loquitur* (Hæbr. II, 4). Il nous parle par ses œuvres, par ses écrits, par ses monuments, qui lui survivront à jamais. Vous le savez, vous n'étiez pas les derniers dans ses

affections, M. F. Cet édifice déjà si grandiose,
et qui devait l'être encore davantage s'il eût pu
l'achever lui-même, ne vous en dit-il pas plus
que mes paroles? Il voulait y passer une partie
de ses vieux jours. C'était l'objet de toutes ses
sollicitudes; c'était son œuvre de prédilection;
il en parlait avec bonheur, avec amour. Faut-il
s'en étonner? Il l'avait conçu, il l'avait engendré
dans sa vieillesse. Joseph n'est-il pas le bien-
aimé, le chéri de son vieux père? *Diligebat su-
per omnes filios suos, eo quod in senectute ge-
nuisset eum* (Gen. XXVII, 3). Aussi, dans ce
testament, qui met le dernier cachet à son dé-
sintéressement, à sa grandeur, à sa gloire;
dans ce testament, par lequel, oubliant complétement sa famille, il donne tout ce qu'il possède
à ses deux séminaires, n'est-il pas une dernière
disposition qui a doté de sa riche bibliothèque sa
maison bien-aimée de Corte? Vous n'avez pas
encore oublié, M. F., la joie qui animait cette
ville, lors de cette belle journée (4 novembre
1863), où il vint en poser la première pierre
avec tant de pompe et de solennité. Oh! que
n'a-t-il pu en poser la dernière et couronner
lui-même son œuvre! Mais l'homme propose et
Dieu dispose, M. F.; l'homme s'agite et Dieu le
mène, a dit un grand Évêque, un grand génie.

Il entrait dans les desseins de Dieu de nous rappeler une fois de plus notre néant, et de nous avertir que nous sommes mortels, que tous nos projets n'arrivent pas à leur but, que ce monde n'est qu'une figure qui passe, que toutes ses gloires, ses dignités, ses honneurs ne sont qu'une vaine fumée que le vent emporte et que dissipe la tempête. *Vanitas*, s'écriait, il y a bientôt trois mille ans, cet homme que Dieu avait comblé de biens et rempli de sagesse comme un fleuve, *Vanitas vanitatum, et omnia vanitas*, Vanité des vanités, et tout n'est ici-bas que vanité! (Eccl. I, 2.)

Pontife auguste et vénéré, je vais donc finir ce discours, où votre histoire est à peine ébauchée. A d'autres voix, à d'autres plumes plus éloquentes, le soin de l'embellir et de l'achever; à des pinceaux plus habiles la gloire de lui donner la vie et les couleurs qui lui manquent. Pour moi, je n'ai voulu que jeter une fleur sur votre tombe et mêler une plainte, un soupir aux accents de deuil et de tristesse, dont la Corse éplorée retentit tout entière.

En attendant, du haut du ciel, où vous nous avez précédés, et où nous espérons vous rejoindre un jour, priez donc pour nous; priez pour ce clergé fidèle, qui fut l'objet constant de toutes vos sollicitudes; priez pour les pasteurs, priez pour les brebis de ce diocèse : ils furent la couronne de votre jeunesse et la gloire de vos vieux ans; priez pour ce peuple si cher à mon cœur, l'honneur et la joie de mon ministère, le transport et le charme de ma vie, l'espérance et la consolation de mon âme, *honor, gaudium et tripudium* (Esth. VIII, 16); priez pour cette ville tout entière, qui, venant s'associer à la douleur commune, vous offre le dernier tribut de ses vœux et de ses prières, de ses regrets et de ses larmes, de son respect et de son amour.

Et maintenant, laissez-moi vous dire encore une parole, la parole déchirante de la dernière séparation, la parole de la douleur et de la plainte funèbre, celle du suprême et dernier adieu, *Lamentationes et carmen et væ* (Ezech. II, 9). Adieu, glorieux pontife, adieu au nom de l'Église que vous avez si bien défendue, si admirablement gouvernée! Après le grand Apôtre, qu'elle reconnaît pour son fondateur, et dont elle reçut la lumière de l'Évangile, vous serez toujours une de ses illustrations, de ses gloires les plus pures. Adieu au nom de ces populations que vous avez si longtemps évangélisées, de ces chers diocésains que vous avez édifiés par vos vertus et vos exemples! Adieu au nom de ce troupeau, qui faisait vos délices, que vous avez si longtemps abreuvé aux sources limpides de la grâce, si longtemps nourri dans les pâturages célestes de la vie éternelle! Adieu au nom de ce pays que vous avez tant aimé, de ces innombrables enfants qui ne vous oublieront jamais! Votre image restera toujours gravée dans leurs cœurs; votre mémoire toujours honorée, toujours bénie ne s'effacera point. Pour moi, il est des souvenirs qui resteront éternellement dans mon âme. Il est ici-bas des amitiés que le temps et l'absence ne sauraient jamais refroidir, si ce n'est en glaçant les cœurs, en brisant la vie, l'existence tout entière. Adieu donc, encore une fois, au nom de tous ceux qui vous ont connu sur la terre; qui vous ont aimé comme on aime un bon père, un tendre ami; qui vous ont admiré comme on admire tout ce qui porte le cachet d'une vraie gloire, l'empreinte d'une véritable grandeur! Adieu, mais non pas pour toujours : l'adieu de la tombe n'est pas un adieu éternel. Étrangers et voyageurs ici-bas, nous ne faisons que passer sur cette terre de l'exil. Quelques fleurs et quelques gouttes de miel, quelques rayons d'espérance et de bonheur fugitif; puis d'amères déceptions, puis de sombres tristesses; une existence toujours inquiète et toujours tourmentée; quelques larmes, quelques soupirs, la douleur et la mort : voilà l'histoire abrégée, le tableau fidèle de cette vie malheureuse. Nu on y entre et nu on en sort; on pleure en naissant, et quand on meurt on pleure aussi : l'homme n'est donc pas créé pour la terre : vainement s'y attacherait-il, vainement y cherche-t-il le repos, le bonheur. Non, M. F., le bonheur n'est pas de ce monde; il est d'un autre pays; nous n'avons pas ici de demeure permanente : notre patrie est ailleurs, et nous aspirons tous au pays du bonheur, au repos de la patrie. Adieu donc, saint pontife, adieu, mais seulement jusqu'au revoir, en l'éternité bienheureuse!